Alfons Kissner, Ludwig Stark

Balladen aus keltischen Bergen

Alfons Kissner, Ludwig Stark

Balladen aus keltischen Bergen

ISBN/EAN: 9783743458970

Hergestellt in Europa, USA, Kanada, Australien, Japan

Cover: Foto ©Thomas Meinert / pixelio.de

Weitere Bücher finden Sie auf **www.hansebooks.com**

Vorbemerkung.

Die Bezeichnung „keltisch" ist für nachfolgende Balladen insofern statthaft, als die zu ihnen gehörigen Melodien in Irland, Schottland und Wales, d. h. in denjenigen Landestheilen Grossbritanniens entstanden sind, wo keltisches Volksthum am längsten sich erhalten hat, — und ferner, als in der That für eine Anzahl dieser Volksweisen der ursprüngliche keltische, ersische, gälische, kymrische Text sich noch nachweisen lässt.

Bei Weitem die meisten alten Melodien jedoch haben sich im Lauf der Zeit den Bund mit dem — die keltischen Sprachreste in immer entferntere Gebirgswinkel zurückdrängenden — englischen Idiom gefallen lassen müssen, welches die lang gewohnten, zum Theil allerdings rohen und recht verwahrlosten Textversionen mehr und mehr in Vergessenheit gebracht hat, zumal seit vom Ende des vorigen Jahrhunderts an poetische Geister ersten Ranges sich diese Aufgabe der Neubelebung alter köstlicher Volksweisen angelegen sein liessen: in Schottland gingen hier bekanntlich voran Allan Ramsay und Robert Burns, Sir Walter Scott und Andere folgten; während in Irland die nach dem Rythmus beliebter Volksweisen geschriebenen und recht eigentlich zum Gesang bestimmten Dichtungen Thomas Moore's, seine „*Irish Melodies*" die Bedeutung einer nationalen That erlangten und in ganz Europa widerhallten. Vor diesen in allen Schichten der Bevölkerung zündenden Versen traten die früheren Texte, die auch bereits gewissen Gesellschaftsklassen in ihrem keltischen Idiom nicht mehr recht verständlich waren, in den Hintergrund: wie in Schottland vor der englischen Fassung „*Robin Adair*" die ursprünglichen Textworte „*Eilin a ruin*" (d. h. „Ellen mein Schatz") verschwanden, so sang man in Irland zur beliebten Melodie des keltischen Liedes „*Gramachree*" nunmehr „*Die Harfe von Tara*", zum alten Tanzreigen „*Garryowen*" „*Die Töchter Erins*" u. s. w. mit den englischen Worten Moore's.

Auch für unsere Sammlung glaubten wir die — schon poetisch mehr ansprechenden — englischen Textfassungen zu den alten keltischen Melodieen aufnehmen zu sollen und haben wir uns z. B. der Vermittlung Moore's bei sechs Balladen bedient (Heft I, No. 1—5 und Heft III, No. 4).

Da es überraschen könnte, dass die Namen von Robert Burns und Sir Walter Scott, von denen eine Anzahl der wirkungsvollsten, ächt volksmässig gehaltenen und in der That zum Gemeingut der Nation gewordenen Balladen nach der Melodie alter Volkslieder herrühren, in den vorliegenden drei Heften fehlen, so sei hier bemerkt, dass die Balladen des Ersteren sich in einer gleichzeitig mit dieser Publikation erscheinenden Sammlung finden, dem **Burns-Album***), die des Letzteren in einer demnächst folgenden („**Lieder und Balladen von Sir Walter Scott,** *deutsch von Ferdinand Freiligrath und Alfons Kissner, die Originalmelodien für eine Singstimme mit Klavierbegleitung herausgegeben von Carl Kissner und Ludwig Stark*").

Hinsichtlich der Quellen, aus welchen wir die Melodien der vorliegenden vom Unterzeichneten übersetzten, von Prof. Dr. Stark in Stuttgart harmonisirten Balladen geschöpft haben, sowie ihres musikalischen Charakters und alles Uebrigen müssen wir auf die Vorbemerkungen zu unseren drei früheren Sammlungen**) verweisen, zu welchen die gegenwärtige eine weitere Ergänzung bildet.

Möge sie die alten Freunde wiederfinden und neue dazu gewinnen!

Wien, im September 1876.

Dr. **Alfons Kissner,**
Professor an der Universität Erlangen.

---

*) Burns-Album, hundert Lieder und Balladen des Dichters, deutsch und englisch, mit ihren Originalmelodien für eine Singstimme mit Klavierbegleitung, unter Mitwirkung von Ludwig Stark herausgegeben von Carl und Alfons Kissner. Leipzig und Winterthur bei J. Rieter-Biedermann.
**) 1. Lieder von der grünen Insel. 3 Hefte; ebenda 1874. 2. Schottische Lieder. 3 Hefte; ebenda 1874. 3. Lieder aus Wales. 4 Hefte; ebenda 1875.

Noch sieht in den Wellen auf tiefem Grund,
Wenn die Schatten der Dämmerung sinken,
Manch schweifender Fischer die Thürme rund,
Die aus andern Tagen ihm winken:
So steig' entschwundene Herrlichkeit
Herauf vor unserm Gedächtniss,
Dass es seufzend schau' durch die Wogen der Zeit,
Versunkenen Ruhmes Vermächtniss.
A. K.

On Lough Neagh's banks as the fisherman strays,
When the clear cold eve's declining,
He sees the round towers of other days
In the wave beneath him shining;
Thus shall memory often, in dreams sublime,
Catch a glimpse of the days that are over,
Thus, sighing, look through the waves of time
For the longfaded glories they cover.
T. Moore.

Balladen aus Keltischen Bergen.

1.
St. Kevin und schön Käthchen.
ST. KEVIN AND FAIR KATHLEEN.

Melodie: „*The brown Irish girl!*"

Diese Ballade beruht auf einer der vielen Legenden von St. Kevin, dessen Bett im Felsen am See Glendalough, einer höchst düstern und romantischen Landschaft in der Grafschaft Wicklow, noch zu sehen ist.

T. Moore.

sprach er still bei sich, „bin vor Wei-bern si-cher ich!" Ach, er
hin der Heil'-ge fleucht, folgt ihm nach ihr Füss-lein leicht. Ob nach
leust," he calm-ly said. „wo-man ne'er shall find my bed!" Ah! the
e'er the Saint would fly, still he heard her light food nigh; east or

ahnt nicht, wie von List voll ein Mäd-chen-bu-sen ist. Ach, er
Ost, nach West er zieht,— Käth-chens Au-ge vor ihm glüht. Ob nach
good Saint lit-tle knew, what that wi-ly sex can do. Ah! the
west, where-e'er he turn'd, still her eyes be-fore him burn'd; east or

ahnt nicht wie von List voll ein Mäd-chen-bu-sen ist.
Ost, nach West er zieht,— Käth-chens Au-ge vor ihm glüht.
good Saint lit-tle knew, what that wi-ly sex can do.
west, where-e'er he turn'd, still her eyes be-fore him burn'd.

p

dim.

3. Auf der stei - len Klipp al - lein, end - lich schläft er ru - hig ein, träumt vom
4. War von fern ge - folgt, als er schritt zur Fel - sen - wild - niss her, und als
5. Glen - da - lough! Dein nas - ses Grab zog schön Käthchen tief hin - ab. Bald der

3. On the bold cliff's bo - som cast tranquil now he sleeps at last; dreams of
4. Fear - less she had track'd his feet to this rock - y, wild re - treat; and when
5. Glen - da - lough, thy gloo - my wave soon was gen - tle Kathleen's grave! Soon the

Him - mel, hat nicht Acht, dass ein hol - des Aug' hier wacht. Doch nicht
früh die Sonn' er schaut, sieht er auch zwei Au - gen traut. Ach, welch
Heil' - ge ach zu spät! — Lieb' und Reu - e füh - len thät. Als er

heav'n nor thinks that e'er wo - man's smile can haunt him there. But nor
morn - ing met his view, her mild glan - ces met him too. Ah, your
Saint (yet ah! too late,) felt her love and mourn'd her fate. When he

Erd, nicht Him - mel blieb frei von hei - sser Frau - en - lieb. Ach, die
Herz ein Heil' - ger hat: Springt von sei - ner La - ger - statt und mit
„Ruh in Frie - den" sprach, wie Mu - sik ward rings es wach und ent -

earth nor heav'n is free from her pow'r, if fond she be: e - ven
Saints have cru - el hearts! Stern - ly from his bed he starts and with
said „Heav'n rest her soul!" round the lake light mu - sic stole; and her

3.

St. Senanus und die Dame.

ST. SENANUS AND THE LADY.

Melodie: „*The brown thorn.*"

4.
O' Donoghue's Geliebte.

O'DONOGHUE'S MISTRESS.

Melodie: „*The little and great mountain.*"

Noch viele Jahre nach O' Donoghue's Tode sah man — so geht die Sage — den Helden am Morgen des 1. Mai auf seinem weissen Rosse nach dem Klang einer süssen, überirdischen Musik über den See gleiten, während Gruppen von Jünglingen und Jungfrauen vorausschwebten und Kränze zarter Frühlingsblumen ihm auf den Weg streuten. — Ein junges, schönes Mädchen verlor sich so in den Gedanken an diesen geisterhaften Häuptling, dass sie sich in ihn verliebt zu haben glaubte und schliesslich an einem Maiabend sich in den See stürzte.

T. Moore.

Träumerisch, zart und gehalten.

1. Von al - len den Mon - den, die leicht im Tanz um die Son - ne schlin - gen den ew' - gen Kranz, sü - sser Mai, sü - sser Mai, du schei - ne mir, sü - sser Mai,
2. Von al - len den Seen, drin Tags - licht hold sein Lächeln versenkt beim A - bend - gold, schö - ner See, schö - ner See, bist lieb du mir, schö - ner See,

1. Of all the fair months, that round the sun in light-link'd dance their cir - cles run, sweet May, sweet May, shine thou for me, sweet May,
2. Of all the bright hauuts, where day - light leaves its ling'-ring smile on gol - den eves, fair lake, fair lake, thou'rt dear'st to me, fair lake,

*) Die Schiffer von Killarney nennen die an windigen Tagen auf dem See sich bildenden schaumgekrönten Wellen „O'Donoghue's weisse Rosse."

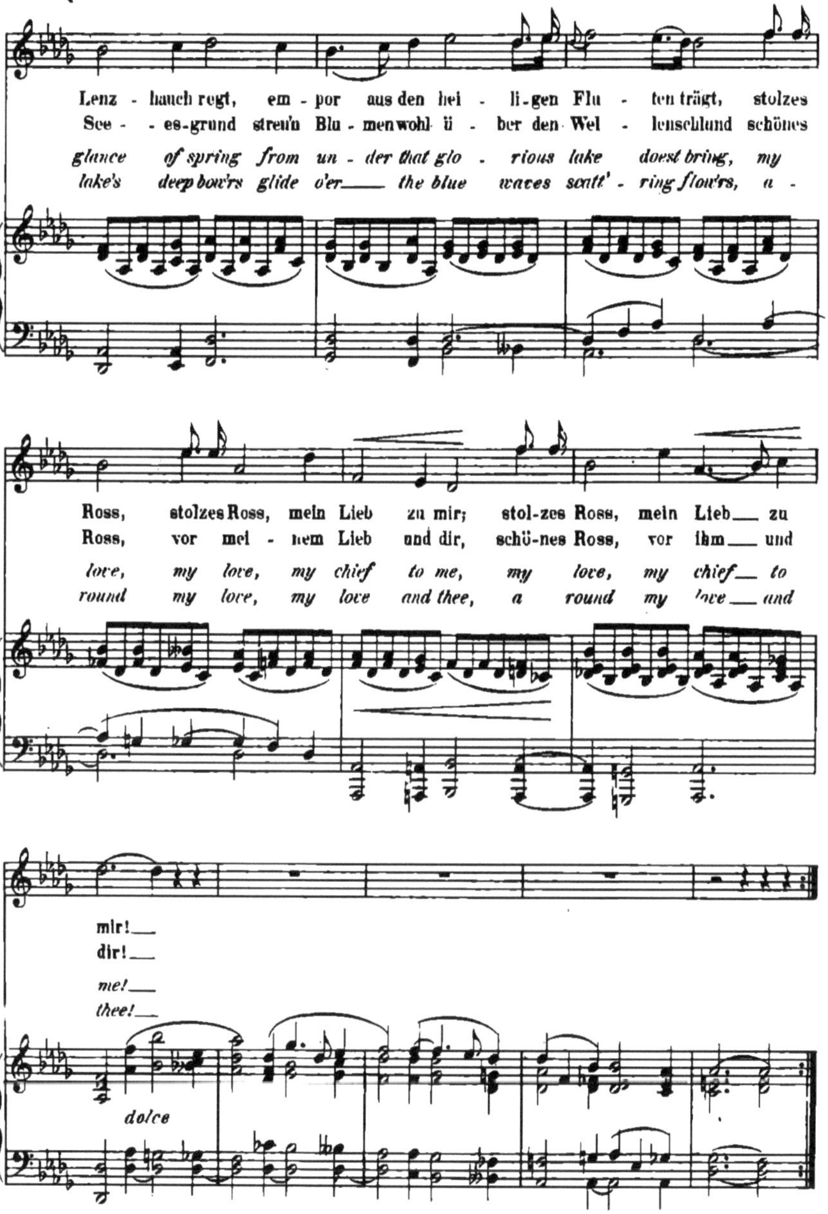
Lenz - hauch regt, em - por aus den hei - li-gen Flu - ten trägt, stolzes
See - - es-grund streu'n Blu - men wohl ü - ber den Wel - lenschlund schönes
glance of spring from un - der that glo - rious lake doest bring, my
lake's deep bow'rs glide o'er the blue waves scatt' - ring flow'rs, a -
Ross, stolzes Ross, mein Lieb zu mir; stol-zes Ross, mein Lieb zu
Ross, vor mei - nem Lieb und dir, schö-nes Ross, vor ihm und
love, my love, my chief to me, my love, my chief to
round my love, my love and thee, a round my love and
mir!
dir!
me!
thee!
dolce

5.
Die wandelnden Todten.

O YE DEAD!

Melodie: „*Plough Tune!*"

Paul Zeland berichtet von einem Berge in Irland, wo die Geister von in der Fremde gestorbenen Personen umherwandeln und mit den Begegnenden wie Lebende sprechen. Gefragt, warum sie nicht nach ihren Heimatstätten zurückkehren, sagen sie, sie müssten nach dem Berge Heckla gehen, und verschwinden augenblicklich.

T. Moore.

„Fiedler! Die Geigen nehmt zur Hand
Und setzt die Bogen gut in Stand!
Doch welsch Geleier sei verbannt,
Geht das Lied im Chor um!
Was „forte!" — „piano!" — Eitler Tand!
Spielt uns Tullochorum!"

„Fiddlers, your pins in temper fix
And roset weel your fiddle — sticks,
But banish vile Italian tricks
Frae out your quorum!
Nor fortes with pianos mix,
Gie's Tullochorum!"

(Fergusson.)

Balladen aus Keltischen Bergen.

1ᵃ
Lord Reoch's Meerfahrt.
FAIR ELLEN.

Melodie von R. A. Smith.

Zweites Heft.
Walter Weir.

Ruhig, sehr zart und ausdrucksvoll.

Glück auf, mein Schifflein, Glück auf! Glück auf, ihr Fröhli-chen all'! Hört ihr Trau-ern und Klag' in Glen-fio-rich's Hag? Hört ihr Leid in mein' Va-ters Hall? Und das Schiff-lein so leicht auf den Wel-len hin-streicht, sanft

Row weel, my boa-tie, row weel. row weel, my merry men a'; for there's dule and there's wae in Glen-fio-rich's bow'rs, and there's grief in my fa-ther's ha'. And the skiff it danc'd light on the mer-ry wee waves, and it

1♭
Die letzte Nacht.
THE NIGHT IS DARK.

Melodie: „*On a bank of flowers.*" *)

*) Die Melodie zu „*On a bank of flowers*" (Jacobitenlied) soll von einem Deutschen, J. E. Gaillard, (geb. 1687 im Hanover'schen) der als Kapellmeister gleichzeitig mit Händel in London lebte, herrühren. Seine Compositionen, namentlich die Oper: „*The Royal Chase*" wurden seinerzeit mit Beifall aufgenommen. Er starb in London 1749.

2.
Willy.

3.
Mary's Traum.
MARY'S DREAM.

Ballade by John Lowe.(1750-1798.)

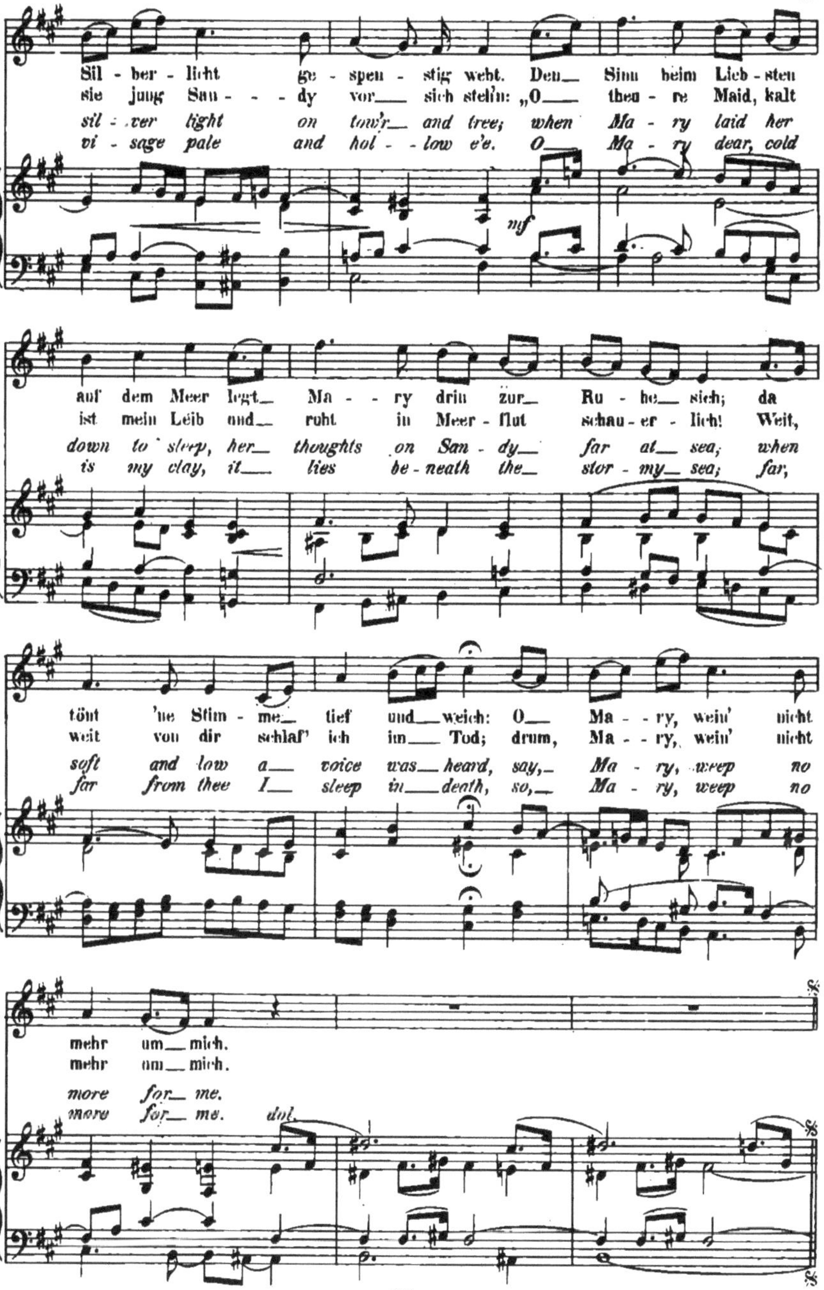
Sil - ber - licht ge - spen - stig webt. Den Sinn beim Lieb - sten
sie jung San - - - dy vor sich stehn: „O theu - re Maid, kalt
sil - ver light on tow'r and tree; when Ma - ry laid her
vi - sage pale and hol - low e'e. O Ma - ry dear, cold
mf
auf dem Meer legt Ma - - ry drin zur Ru - he sich; da
ist mein Leib und ruht in Meer - flut schau - er - lich! Weit,
down to sleep, her thoughts on San - dy far at sea; when
is my clay, it lies be - neath the stor - my sea; far,
tönt 'ne Stim - me tief und weich: O Ma - ry, wein' nicht
weit von dir schlaf' ich im Tod; drum, Ma - ry, wein' nicht
soft and low a voice was heard, say, Ma - ry, weep no
far from thee I sleep in death, so, Ma - ry, weep no
mehr um mich.
mehr um mich.
more for me.
more for me.
dol.

4.
Lord Hahnkamm.

THE LAIRD O' COCKPEN

Von Lady Nairne (um Beginn dieses Jahrhunderts) zu einer der ältesten schottischen Melodieen: „*When she cam' ben she bobbit*" geschrieben. Die beiden letzten Strophen sind von Miss Ferrier.

Und als sie her-ein-tritt, tief neigt sich der Lord und
Als den Lord und die La-dy man's näch-ste mal sah, sel
An' when she cam' ben, he bow-ed fu' low, an'
Niest time that the Laird and the La-dy were seen, they were

kün-det den Zug sei-nes Her-zens so-fort. Doch
ban-der zur Kir-che wohl gin-gen sie da. Jetzt
what was his er-rand he soon let her know: a-
gaun arm in arm to the kirk on the green; now she

wie sollt' er stau-nen: Die Da-me sagt „nein!" und lässt ihn mit tie-fer Ver-
thront sie als Hen-ne in ra-gen-der Hall, doch Küch-lein die feh-len bis
maz'd was the Laird, when the la-dy said na; an wi' a laigh curt-sie she
sits in the ha' like a weel tap-pit hen, but as yet there's nae chickens ap-

beugung al-lein.
Da-to noch all.
turn-ed a-wa'!
pear'd in Cockpen.

C.R.

6.
Ballade vom lustigen Bettler.
THE JOLLY BEGGAR.

Die Autorschaft dieser launigen Ballade wird König James V. von Schottland, dem Helden von W. Scott's „Lady of the Lake" (nur das Jahr 1834) zugeschrieben. James starb den 14. December 1542, 31 Jahre alt.

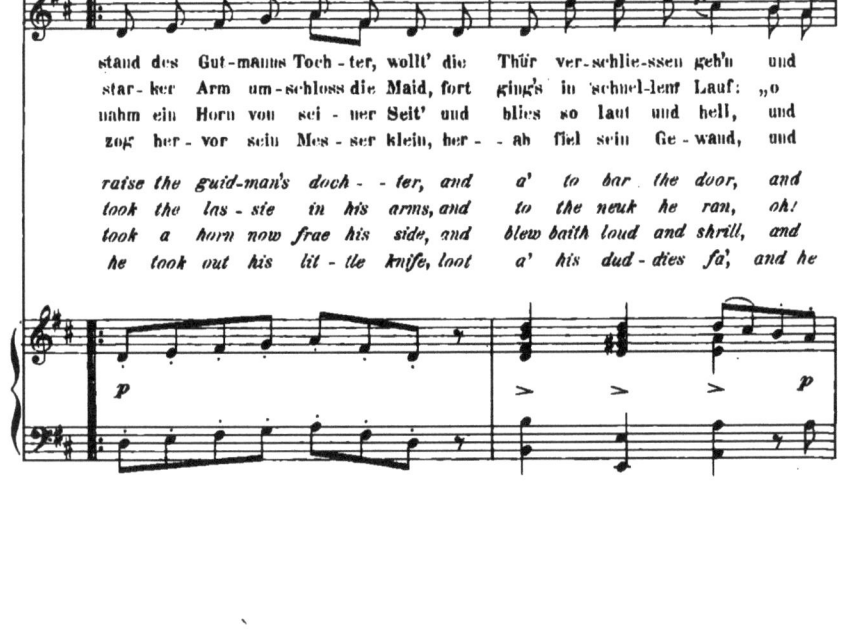
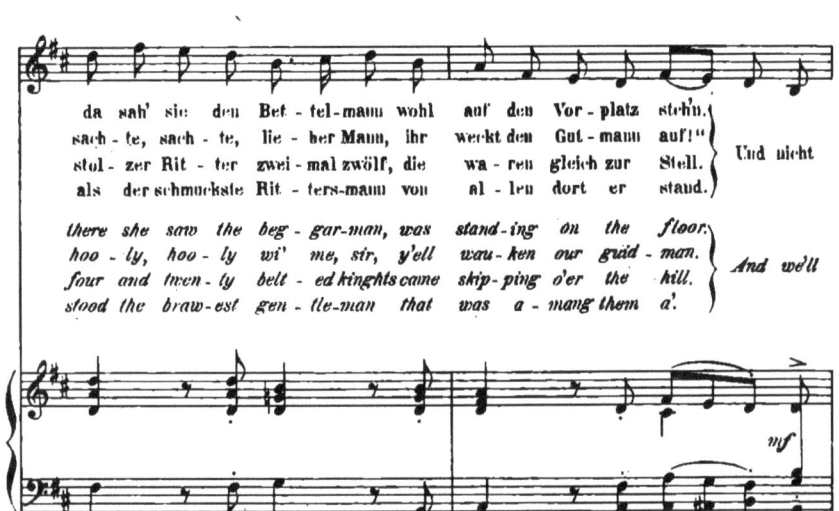

„Geschehn ist, was bei Menschen stand
  Und ist umsonst geschehn! —
Ade, mein Lieb, mein Heimathland!
  Muss über's Meer nun gehn,
      Feinslieb,
  Muss über's Meer nun gehn."

Er wandte sich wohl um und um
  Dort an dem Strand der See;
Er setzte seine Sporen ein
  Mit: „Ewig nun ade,
      Feinslieb,
  Auf ewig nun ade!"

      (Alte Ballade.)

*„Now a' is done that men can do
  And a' is done in vain;
My love and native land farewell,
  For I maun cross the main,
      my dear,
  For I maun cross the main."*

*He turned him right and round about
  Upon the Irish shore,
And gae his bridle-reins a shake
  With adieu for evermore,
      my dear,
  Adieu for evermore!*

2.
Mac Gregor's Geliebte.
(Schottisch)

FROM THE CHASE ON THE MOUNTAIN.

Gaelische Weise: „*Macgrigair a Ruidhruidh.*"

Aus dem Gaelischen in's Englische übertragen v. Maclaren.

fing ihn auf____ Ber - ges - ge - bie - ten, wo die
Gre - gor!" ver - zwei - felt es____ schall - te; mit -
läum - dung nun__ si - cher sie__ ruh - ten; noch__

slum - ber, to the rock I con - vey'd him, where the
gre - gor! loud__ e - cho re - sound - ed; and the
dwel - ling from__ foes and fell__ slan - der, near the

calando

Söh - ne des__ Fre - vels dem__ Feind ihn ver - rie - then."
lei - dig vom Fel - sen "Mac__ Gre - gor" es__ hall - te.
oft ih - re Gei - ster um - schwe - ben die Flu - ten.

sons of black ma - lice to his foes have be - tray'd him.
hills rung in__ pi - ty: Mac - gre - gor is__ wound - ed.
loud roar - ing wa - ters their spi - rits oft wan - der.

Schluss.

3.
Kriegslied der Männer von Glamorgan.

THE WAR-SONG OF THE MEN OF GLAMORGAN.

By Walter Scott.

(Walisisch.)

Fluch je - der Hand, die Stahl dort schlägt und um des Ren - ners
Sie schwo-ren, dass am Rhym-ny bald in Feu - er - licht ihr
Foul fall the hand, which bends the steel a - round the cour - ser's
they swore their ban - ners broad should gleam in crim - son light, on
Hu - fe legt, zu sto - ssen man - che schwarze Wund' in
Ban - ner wallt, und bald Caer-phi - - li huf - durch-wühlt des
thund' - ring heel, that e'er shall dint a sa - - ble wound, on
Rhym - ny's stream; they vow'd Caer-phi - - li's sod should feel the
schön Gla - - mor - gan's Sam - met - grund!
Nor - mann's Spo - ren - - fer - sen fühlt.
fair Gla - - mor - gan's vel - vet ground.
Nor - man char - ger's spurn - ing heel.

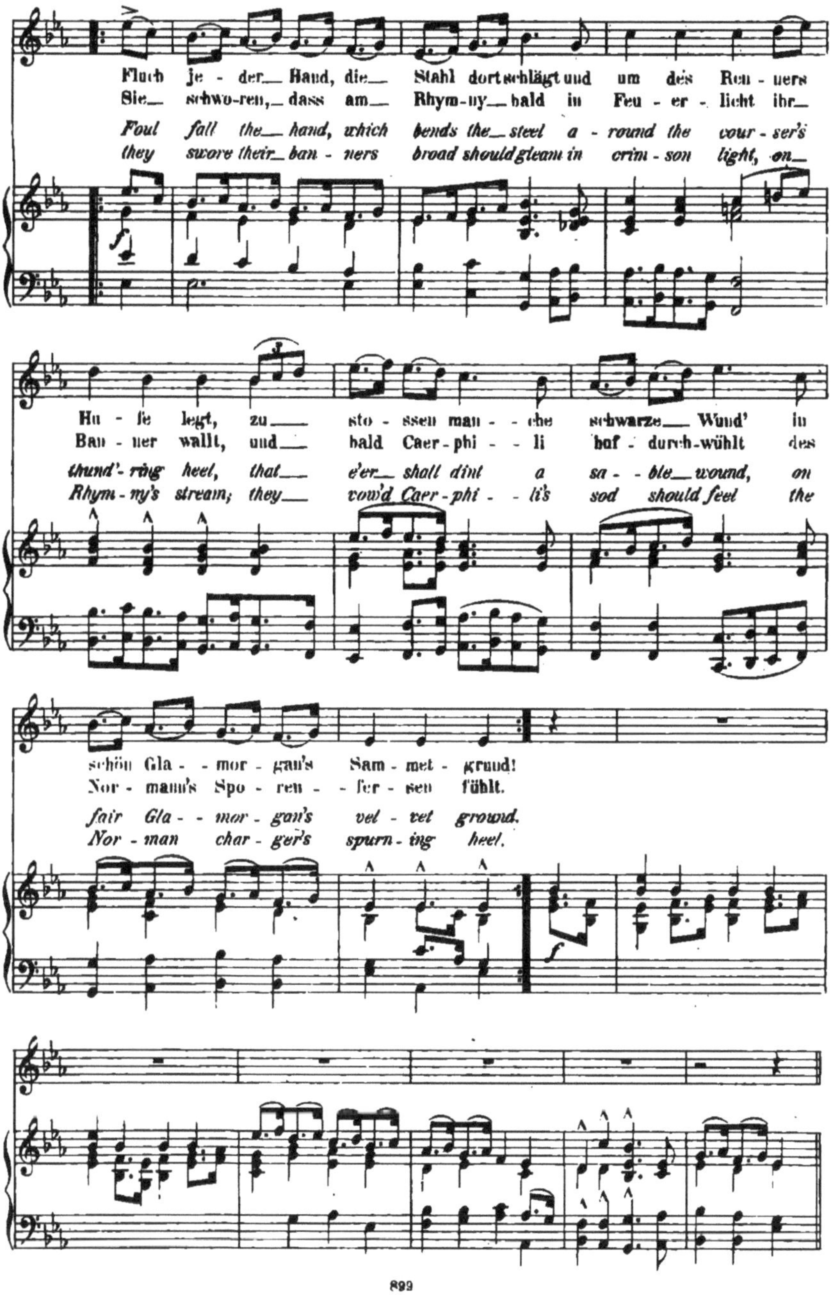

4.
Die Braut des Verbannten.
(Irisch)

THO' THE LAST GLIMPSE OF ERIN.

*) Nach einem Gesetz Heinrichs VIII. war den Irländern verboten, sowohl lange Locken zu tragen (Coulins), als Bart auf der Oberlippe (Cromwel genannt). Bald nannten nun die irischen Mädchen den furchtlosen Geliebten Coulin, d. h. der „Jüngling mit wallenden Locken."

5.
Alt Robin Gray.
(Schottisch)
AULD ROBIN GRAY.
(Introduction: „*The Bridegroom Grat*" old air) Modern air by William Leves.

Lady Ann Lindsay

20

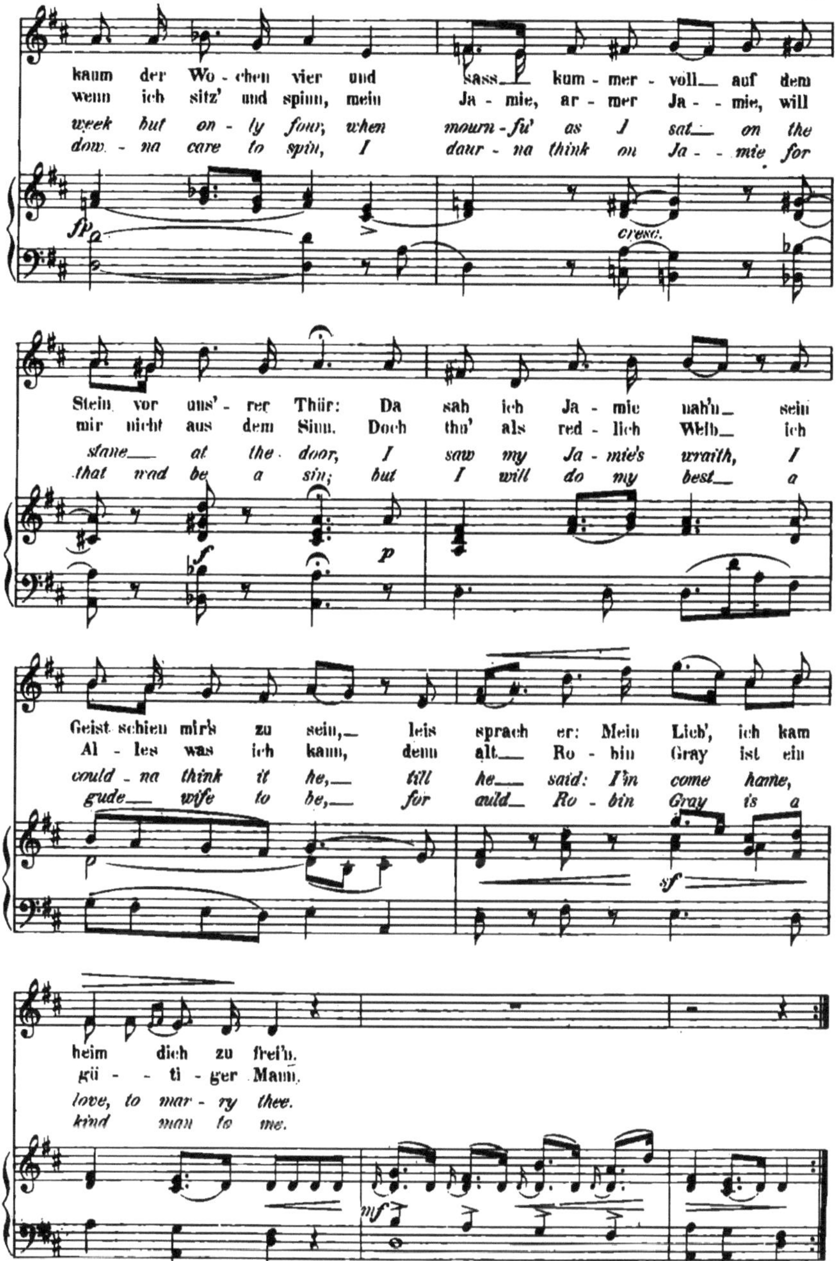
kaum der Wo - chen vier und sass kum - mer - voll auf dem
wenn ich sitz' und spinn, mein Ja - mie, ar - mer Ja - - mie, will
week but on - ly four, when mourn - fu' as I sat on the
dow - na care to spin, I daur - na think on Ja - - mie for
cresc.
fp
Stein vor uns' - rer Thür: Da sah ich Ja - mie nah'n sein
mir nicht aus dem Sinn. Doch thu' als red - lich Weib ich
stane at the door, I saw my Ja - mie's wraith, I
that wad be a sin; but I will do my best a
f
p
Geist schien mir's zu sein, leis sprach er: Mein Lieb', ich kam
Al - les was ich kann, denn alt Ro - bin Gray ist ein
could - na think it he, till he said: I'm come hame,
gude wife to be, for auld Ro - bin Gray is a
sf
heim dich zu frei'n.
gü - - ti - ger Mann.
love, to mar - ry thee.
kind man to me.
mf

6.
Robin Gray's Tod.
(Schottisch)

THE DEATH OF AULD ROBIN GRAY.
Aus „*The Edinburgh Musical Miscellany*" 1792.